PUBLICATIONS DE LA RÉUNION DES OFFICIERS

MÉLANGES MILITAIRES
XXXVI. XXXVII.

DE LA

JUSTESSE DU TIR

DES

BOUCHES A FEU ET DES ARMES PORTATIVES

PAR

M. J. LEFÈVRE

CAPITAINE D'ARTILLERIE

PARIS

CH. TANERA, ÉDITEUR

LIBRAIRIE POUR L'ART MILITAIRE ET LES SCIENCES

Rue de Savoie, 6

1872

PUBLICATIONS DE LA RÉUNION DES OFFICIERS

652 — Paris, Imp. H. Carion, rue Bonaparte, 64.

DE LA

JUSTESSE DU TIR

DES

BOUCHES A FEU ET DES ARMES PORTATIVES

PAR

M. J. LEFÈVRE

CAPITAINE D'ARTILLERIE

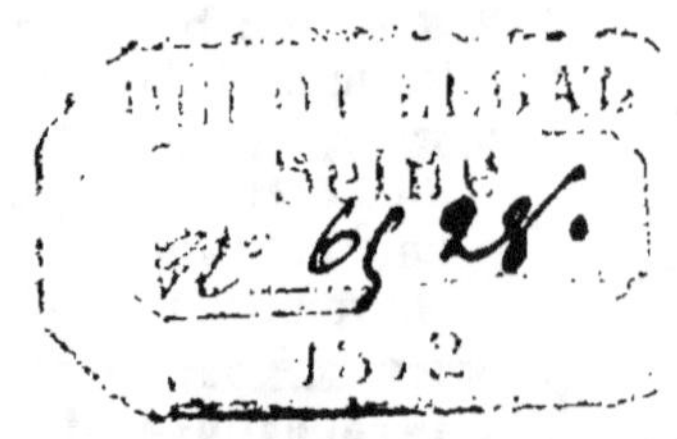

PARIS

CH. TANERA, ÉDITEUR

LIBRAIRIE POUR L'ART MILITAIRE ET LES SCIENCES

Rue de Savoie, 6

1872

DE LA

JUSTESSE DU TIR

DES

BOUCHES A FEU ET DES ARMES PORTATIVES

Nous trouvons dans une publication du Comité de l'artillerie autrichienne (*Wirkung und Gebrauch der Feld-und-Gebirgs-Geschütze*) un chapitre d'un grand intérêt sur ce point capital de la théorie du tir. Nous en reproduisons ici la substance, en y ajoutant parfois certains développements que nous avons jugés indispensables. Il est bon de faire remarquer que, dans tout cet exposé, l'on a eu soin d'élaguer le plus possible les difficultés mathématiques qui pourraient compliquer, aux yeux de certaines personnes, cette question délicate, de manière à la rendre accessible à tous ceux qui voudraient lire ce qui suit avec quelque attention.

§ 1. *Déviations des projectiles. — Comment on estime la précision du tir.* — Quelque soin qu'on apporte à réaliser l'identité des conditions dans le tir du canon ou des armes portatives, les trajectoires ne sont jamais identiques : ainsi à égalité de charge, d'angle de projection, de poids et de forme de projectile, de circonstance atmosphériques, etc., les courbes décrites par les projectiles sont différentes. L'axe de la gerbe formée par l'ensemble de toutes les trajectoires s'appelle la trajectoire moyenne, et c'est à celle-ci qu'on est convenu de rapporter tous les calculs et toutes les évaluations contenues dans les tables de tir. Si l'on coupe cette gerbe par des plans soit horizontaux, soit verticaux, les sections obtenues sont à fort peu près des ellipses dont le grand axe est parallèle soit à la projection horizontale de la ligne du tir, soit à la verticale. C'est en effet la forme qu'affecte le contour du groupement des coups dans les *tableaux figuratifs* du tir, quand ces coups sont nombreux.

Dans le tir des armes portatives, les écarts en hauteur diffèrent en général assez peu des écarts dans le sens latéral ; l'ellipse se rapproche alors beaucoup de la forme circulaire.

Les principales causes de ce phénomène de dispersion sont : la variation dans le poids des projectiles, celle de l'angle de tir ou de relèvement, celle du diamètre de l'enveloppe de plomb ou de la dureté de celle-ci, celle de la position du centre de gravité dudit projectile ; celle de la force de la poudre employée d'une cartouche à l'autre. On peut ajouter encore à ces causes l'encrassement de l'âme, les changements dans l'état atmosphérique pendant la durée du tir, et les erreurs inévitables du pointage.

Toutefois, l'expérience prouve que cette dispersion des coups non-seulement n'est pas arbitraire, mais qu'elle semble toujours s'effectuer suivant une certaine loi, de sorte qu'en appliquant aux résultats du tir le calcul des probabilités, on parvient à dresser des tables de justesse pouvant servir à classer les armes par ordre de mérite, en supposant qu'elles tirent dans des circonstances normales.

La construction de ces tables résulte de certaines notions qui ont pour point de départ les définitions suivantes :

— Déviation en portée. — Distance horizontale du point d'impact au but visé mesurée perpendiculairement au plan de tir.

— Déviation en hauteur. — Distance verticale du point d'impact (dans une cible verticale) à une horizontale passant par le centre du but.

— Portée moyenne. — C'est la moyenne arithmétique de toutes les portées obtenues. On définit d'une manière analogue la déviation moyenne en portée et la déviation moyenne en hautenr. A ces dernières on affecte un signe algébrique ($\pm$) suivant le sens où doit être comptée la déviation moyenne.

— Dispersion maxima soit longitudinale, soit latérale.— C'est l'éloignement des points d'impact extrêmes, mesuré soit parallèlement, soit perpendiculairement au plan de tir. La dispersion verticale maxima se mesure de la même façon entre les points extrêmes sur les cibles verticales.

Un rectangle dont les deux dimensions sont la première et la seconde de ces deux dispersions pour les cibles horizontales, la seconde et la troisième pour les cibles verticales, contient par conséquent tous les coups et donne un premier aperçu de la *justesse*. Mais ces rectangles ne fournissent aucune idée du *groupement* et ne permettent d'établir aucune conclusion sur les résultats probables du tir, dans le cas où l'on se servirait de cibles de petite dimension ou de dimensions déterminées.

La *probabilité* du tir n'est autre chose que le rapport du nombre des coups ayant touché une cible de dimensions (longueur, largeur et hauteur) définies au nombre total des coups tirés sur cette cible. C'est ce qu'on nomme, dans la pratique, le *pour cent*. L'évaluation numérique de cette probabilité, pour des cibles de dimensions moindres que celles de la cible qui contient tous les coups tirés, exige la connaissance de tous les *écarts* (horizontaux ou verticaux) des points d'impact par rappport au *point moyen*. Ce point, dans les cibles horizontales, a pour coordonnées la portée moyenne et la déviation latérale moyenne ; dans les cibles verticales, la déviation latérale moyenne et la déviation en hauteur moyenne. Ces écarts sont pris par rapport à deux lignes se croisant à angle droit au point moyen. Si l'on range tous les écarts de même nom par ordre de grandeur à partir de zéro, *sans tenir compte de leur signe*, le nombre n des coups étant pair, celui des écarts qui occupera le rang $\frac{n}{2}$ sera une première approximation de ce que l'on nomme l'*écart probable ;* si le nombre des coups est impair, l'écart probable sera celui de ces nombres qui occupe le rang $\left(\frac{n}{2} + 1\right)$. Si l'on trace en avant et en arrière, à droite et à gauche, au-dessus et au-dessous du point moyen deux parallèles aux coordonnées de ce point et éloignées de lui d'une distance égale à l'*écart probable* (r), chaque bande de largeur 2 r (limitée dans un sens, mais indéfinie dans l'autre) contiendra 50 0/0 des coups ayant touché la cible. Quand le nombre des coups est faible, il peut y avoir indécision dans l'évaluation de l'écart probable, pour peu qu'il existe une différence notable comme grandeur entre l'écart de rang $\frac{n}{2}$ et l'écart suivant. Dans ce cas, il est plus exact d'évaluer l'écart probable en calculant la moyenne arithmétique des écarts de même nom, et en multipliant cette moyenne par 0,8453 (*Calcul des probabilités appliqué au tir des projectiles*). Cet écart a reçu le nom d'écart *probable*, parce qu'il existe autant de raisons pour qu'il soit dépassé qu'il en existe pour qu'il ne le soit pas. D'un autre côté, les écarts par rapport au point moyen ayant lieu aussi bien en avant qu'en arrière, au-dessus qu'en dessous, à droite qu'à gauche, une bande, dont la largeur sera le double de cet écart probable, aura autant de chances d'être touchée qu'elle en aura de ne l'être pas. Elle doit donc contenir, qu'elle soit horizontale ou verticale, 50 0/0 des coups tirés. Autrement dit, la probabilité de l'atteindre sera de $\frac{1}{2}$, si l'on admet que le pointage s'effectue d'une manière aussi régulière et aussi identique que possible.

Observation. — Le calcul de l'écart probable (r) déduit de la moyenne arithmétique (m) des écarts considérés isolément n'est légitime que lorsque l'on dispose d'un grand nombre d'observations (au moins 25 pour les canons lisses). Si ce nombre est minime, il vaut mieux calculer d'abord *l'écart moyen quadratique* (e) qu'on obtient en faisant la somme des carrés des écarts, divisant cette somme par le nombre des coups et extrayant la racine carrée du quotient. Cela fait, on multiplie ce quotient par le facteur 0,6745. Voici d'où vient ce dernier facteur. On démontre dans le *Calcul des probabilités* appliqué aux résultats du tir qu'il existe entre l'écart moyen (m) et l'écart quadratique (e) la relation suivante : $e = 1,2533\, m$, et comme nous avons vu plus haut que l'écart probable est égal à $0,8453\, m$, il en résulte que l'écart probable est égal à $0,8453 \times \dfrac{e}{1,2533} = 0,6745\, e.$ — Le double $D = 2\, r$ de l'écart probable, est ce que nous appellerons la *dispersion*.

§ 2. *Tables de justesse.* — Chaque système de bouches à feu, fusils, etc., donne lieu à un groupement qui lui est caractéristique et qu'on fait ressortir par le calcul de la *dispersion*. Il est permis d'en conclure, que la justesse d'une arme peut se mesurer par l'inverse de la grandeur des écarts (pour chaque distance de tir); mais cela ne suffit pas.

Pour se faire une idée plus exacte de la justesse du tir dans les deux directions, on considère le rectangle dont les côtés sont égaux, respectivement au double des écarts probables relatifs à ces deux directions. Ce rectangle, d'après la loi de la probabilité *composée*, contient les 0,50 des 0,50 des coups tirés, soit **25** %. L'écart probable étant égal à **0,8453m**, chacune des dimensions de ce rectangle s'obtiendra donc en doublant ce produit, c'est-à-dire en multipliant la grandeur de l'écart moyen par **1.69**.

La table I donne la valeur des *dispersions* pour les canons autrichiens qui suivent : 3 de montagne, 4 et 8 de campagne.

Les mesures autrichiennes ont été conservées; on verra plus loin qu'il n'y a aucun intérêt à les convertir en mesures métriques.

§ 3. *Emploi des valeurs calculées.* — Vu la grande diversité que présentent les cibles au point de vue des dimensions, il ne serait pas possible d'avoir pour tous les cas l'expression en *pour cent* de la justesse d'une bouche à feu donnée. Mais, on peut à l'aide du calcul des probabilités, dresser une table numérique d'après laquelle on arrive, dans chaque cas particulier, étant donnée la dimension d'une cible et l'écart probable correspondant à la distance de tir (soit en longueur, soit en largeur, soit en hauteur) à trouver le *pour cent*, autrement dit la probabilité d'atteindre, véritable mesure de la justesse.

Voici, à ce sujet, quelques éclaircissements indispensables. Supposons que nous ayons à notre disposition un très-grand nombre de tableaux figuratifs, provenant du tir d'une série quelconque de bouches à feu pour des distances également quelconques. Sur chacun de ces tableaux figuratifs traçons deux parallèles indéfinies, horizontales ou verticales, distantes d'une quantité arbitraire, mais qui soit la même pour tous les tableaux, de manière à former une zone ou bande dont la ligne milieu passe par le point moyen. Si l'on compte le nombre des points d'impact contenus dans chaque bande, on aura autant de *pour cent* différents qu'il y a de tableaux figuratifs.

Admettons maintenant que l'on détermine, pour chaque

DIMENSIONS DES BANDES CONTENANT 50 °/o DES POINTS D'IMPACT

PORTÉES EN PAS	CANON DE 3 LIVRES					CANON DE 4 LIVRES					CANON DE 8 LIVRES				
	Tir plongeant		Tir de plein fouet			Tir plongeant		Tir de plein fouet			Tir plongeant		Tir de plein fouet		
	Longueur	Largeur	Longueur	Largeur	Hauteur	Longueur	Largeur	Longueur	Largeur	Hauteur	Longueur	Largeur	Longueur	Largeur	Hauteur
	pas	pas	pas	pas	pieds	pas	pas	pas	pas	pieds	pas	pas	pas	pas	pieds
500	43.1	1.4	47.4	0.93	4.4	33.8	1.3	47.3	0.8	2.29	35.5	1.4	43.9	0.93	1.96
1000	51.7	3.9	44.6	2.1	9.4	35.5	1.9	38.9	1.7	4.49	37.2	2.0	40.6	2.00	4.22
1500	60.8	7.5	54.0	4.1	19.2	45.6	3.4	33.8	2.5	6.92	40.6	3.9	38.9	3.2	7.00
2000			67.6	7.5	35.9	64.9	6.3	30.4	3.5	9.72	50.7	6.8	42.3	4.5	11.60
2500			87.8	13.4				40.6	4.7	18.81			49.7	5.9	19.20
3000			117.0	22.0				54.1	6.5				57.5	7.7	
3500								71.0	9.2				67.6	10.1	
4000								91.3	13.4				81.1	13.8	
4500								115.0	19.9				98.0	19.2	
5000													118.0	25.6	

OBSERVATIONS.

La ligne médiane des bandes passe par le point moyen; les lignes extrêmes, distantes entre elles d'une quantité égale à la *dispersion*, ont une longueur indéfinie. C'est à cette condition seulement que la bande contient 50 °/o des points d'impact. Si l'on combine la longueur avec la largeur, ou la largeur avec la hauteur, la proportion n'est plus que de 0,50×0.50 ou 25 °/o (probabilité composée).

Le pas autrichien vaut 0ᵐ,758. — Le pied autrichien vaut 0ᵐ,316.

tableau, l'écart probable et son double la dispersion D (bien entendu dans le sens de la largeur z de la bande), et que l'on prenne pour chaque tableau le rapport $\frac{z}{D}$. Si l'on range tous les rapports $\frac{z}{D}$ par ordre de grandeur, et qu'on inscrive les *pour cent* en regard, l'on constatera que les *pour cent* se succéderont aussi par ordre de grandeur, et que, *aux mêmes rapports correspondront les mêmes pour cent*, remarque fondamentale sur laquelle est basée toute la théorie de la justesse.

Ainsi, par exemple, si le rapport $\frac{z}{D}$ est égal à $\frac{3}{4}$ ou 0,75, le *pour cent* sera toujours très-approximativement égal à 39 °/₀; si ce rapport est égal à 2,00, le *pour cent* sera de 82 °/₀.

Le nombre D est donc, en quelque sorte, la mesure de la précision, et comme D est la largeur de la bande qui contient 50 °/₀ des points d'impact, on s'explique pourquoi, lorsqu'on veut évaluer la justesse, c'est toujours cette proportion de 50 °/₀ qui sert de point de départ.

Si donc l'on dispose, étant donnée une bouche à feu ou une arme portative, d'un grand nombre de tableaux figuratifs pour un grand nombre de distances auxquelles on aurait tiré un grand nombre de coups, on pourra, à l'aide d'une interpolation graphique, déterminer le *pour cent* qui correspond à une valeur de $\frac{z}{D}$ prise à volonté; puis dresser une table qui, étant donnée une valeur de la dispersion D, fera connaître la probabilité d'atteindre les cibles de dimensions connues (ou le °/₀ dans ces cibles), ainsi que nous allons le faire voir.

Autrement dit, si l'on applique aux résultats du tir la théorie des probabilités, la probabilité qu'un point d'impact quelconque tombe dans une zone de largeur z (à droite ou à gauche, en dessus ou en dessous, en avant ou en arrière du point moyen) est une fonction de $\dfrac{z}{D}$. L'analyse mathématique a déterminé cette fonction, mais la forme en est complexe et se prête difficilement au calcul immédiat de la valeur de la probabilité (ou du *pour cent*) pour une valeur donnée de $\dfrac{z}{D}$. On a traduit cette relation par une table numérique que nous reproduisons ici et qui donne le *pour cent* relatif à différentes valeurs de $\dfrac{z}{D}$ croissant à partir de zéro, d'abord de $\dfrac{1}{20}$ en $\dfrac{1}{20}$, puis de $\dfrac{1}{10}$ en $\dfrac{1}{10}$. Cette table est tout à fait d'accord avec celle qu'on établirait, par la voie expérimentale, à l'aide du procédé indiqué quelques lignes plus haut.

TABLE II

VALEUR DU POUR CENT EN FONCTION DE $\dfrac{z}{D}$.

$\dfrac{z}{D}$	%	$\dfrac{z}{D}$	%	$\dfrac{z}{D}$	%	$\dfrac{z}{D}$	%	$\dfrac{z}{D}$	%	$\dfrac{z}{D}$	%
0.10	5.4	0.60	31.4	1.10	54.2	1.60	71.9	2.1	84.3	3.1	96.3
0.15	8.1	0.65	33.9	1.25	56.2	1.65	73.4	2.2	86.2	3.2	96.9
0.20	10.7	0.70	36.3	1.20	58.2	1.70	74.8	2.3	87.9	3.3	97.4
0.25	13.4	0.75	38.7	1.25	60.1	1.75	76.2	2.4	89.5	3.4	97.8
0.30	16.0	0.80	41.4	1.30	61.9	1.80	77.5	2.5	90.8	3.5	98.2
0.35	18.7	0.85	43.4	1.35	63.7	1.85	78.8	2.6	92.1	3.6	98.5
0.40	21.3	0.90	46.0	1.40	65.5	1.90	80.0	2.7	93.1	3.7	98.7
0.45	23.9	0.95	47.8	1.45	67.2	1.95	81.2	2.8	94.1	3.8	99.0
0.50	26.4	1.00	50.0	1.50	68.8	2.00	82.3	2.9	95.0	3.9	99.1
0.55	28.9	1.05	52.1	1.55	70.4	2.05	83.3	3.0	96.7	4.0	99.3

Remarque I.

D'après la table précédente, on voit que lorsque $\frac{z}{D} = 4$, la probabilité d'atteindre est égale à 99,3 %; d'où l'on peut conclure que l'écart le plus grand qu'on puisse obtenir, soit dans un sens, soit dans un autre, est en général 4 fois plus grand que l'écart probable. C'est d'ailleurs ce que l'expérience confirme.

Remarque II.

Si l'on fait successivement $\frac{z}{D} = 1$, 2, 3 et 4, on obtient les *pour cent* qui suivent : 50, 82.3, 96,7 et 99.3. Traçons autour du point moyen quatre bandes parallèles indéfinies dans un sens, et ayant dans le sens perpendiculaire les dimensions D, 2D, 3D et 4D : par le point moyen, menons une ligne parallèle à ces bandes. Nous obtiendrons de cette façon 8 zones, dans lesquelles les coups seront répartis comme il suit, ainsi qu'il est facile de le vérifier (au moyen d'une figure, s'il le faut) :

1re et 8e zones, chacune. . . . .   1,3 %
2e et 7e id.,   id. . . . .   7.2 %
3e et 6e id.,   id . . . .   16.1 %
4e et 5^n id.,   id . . . .   25.0 %

D'où l'on déduit :

1re et 2e zones réunies. . . . .   8.5 %
3e et 4e id. . . . .   41.1 %
5e et 6e id. . . . .   41.1 %
7e et 8e id. . . . .   8.5 %

En *arrondissant* ces 4 derniers nombres, il est permis de

dire que, si l'on partage en 4 parties égales la bande qui correspond à 4 fois la dispersion, les 4 zones que l'on obtiendra ainsi contiendront, les deux extrêmes environ 10 % des coups chacune, les deux intermédiaires environ 40 %.

Ces renseignements sont bons à connaître, et ils sont utilisés dans certains cas, comme nous le verrons, par exemple, pour les corrections relatives à la hausse, dans l'exécution du tir,

§ 4. *Applications.* — L'usage des tables I et II peut servir à résoudre les problèmes suivants :

1° Quel *pour cent* peut-on compter obtenir en tirant avec le canon de 4, à 1000 pas, contre une cible haute de 6 pieds, mais d'une largeur indéfinie, de telle sorte qu'il ne puisse arriver qu'un coup manque la cible par suite d'un écart latéral. D'après la table I, la dispersion D en hauteur à 1000 pas est de $4^{pi},49$, d'où puisque $z = 6^{pi}$, $\dfrac{z}{D} = 1.33$, nombre qui dans la table II correspond à 63 %.

2° Sur quel *pour cent* est-il permis de compter lorsqu'on exécute le tir plongeant à 2000 pas avec le canon de 8 sur une cible horizontale de 15 pas en largeur, sur 30 pas en longueur ?

On a (tables I et II) :

Dans le sens de la longueur $\dfrac{z}{D} = \dfrac{30}{50.7} = 0.59$, ce qui correspond à. . . . . 31 %

Dans le sens de la largeur $\dfrac{z}{D} = \dfrac{15}{6.8} = 2.20$, ce qui correspond à. . . . . 86 %

d'où, en raison de la probabilité composée,
$0,31 \times 0,86 = 0.267$, ou 26,7 %, probabilité cherchée.

3° En tirant à une certaine distance sur une cible haute de 9 pieds, on a obtenu 72 %. Quel *pour cent* aurait-on obtenu avec une cible haute de 6 pieds ? Pour 72 %, $\dfrac{z}{D} = 1,6$, d'après la table II ; et comme $z = 9$ pi, $D = \dfrac{9}{1.6} = 5^{pi},52$, dispersion probable à la distance en question. Pour la cible de 6 pieds, on aura donc le rapport $\dfrac{z}{D} = \dfrac{6}{5.52}$ ou 1,07, qui correspond (table II) à 53 %.

4° On a supposé dans les exemples qui précèdent que l'angle de mire choisi est toujours celui des tables de tir, en sorte que le point d'impact moyen coïncide avec le centre du but. Supposons qu'il n'en soit pas ainsi, et que le point d'impact moyen tombe à 4 pieds au-dessus du bord inférieur d'une cible de 6 pieds. Il faut d'abord évaluer séparément le *pour cent* qui correspond à ces 4 pieds et celui qui correspond aux deux pieds supérieurs, en prenant pour dénominateur du rapport non pas D, mais 1/2 D (ou l'écart probable lui-même), puisque chaque région n'est relative qu'à la moitié du nombre total des coups tirés. Ainsi avec le canon de 4, 50 % des coups tirés correspondent pour 1000 pas, à une dispersion $D = 4^{pi},5$; d'où, pour les 2 pieds supérieurs de la cible, $\dfrac{z}{\frac{1}{2}D} = \dfrac{2}{2.25} = 0,89$, ce qui fait 45 % de la moitié supé-rieure de la gerbe totale des coups ou 22,5 % du nombre total des coups tirés.

Pour la région inférieure, on trouverait $\dfrac{z}{\frac{1}{2}D} = \dfrac{4}{2.25} = 1.78$, ce qui donne d'après la table II, 70 % de la moitié inférieure de la gerbe, ou 35 % du nombre total des coups tirés. Donc, pour la surface totale de la cible, il y a lieu de compter sur 22,5 + 35 = 57.5 % du nombre total des coups.

5° Sur quelle proportion de coups directs peut-on compter

envoyer sur le terre-plein d'un ouvrage dont la crête intérieure est à 6 pieds au-dessus du sol, sur une longueur de 30 pas mesurés à partir de la crête, les distances de tir étant 500, 1000, 1500 et 2000 pas; l'espèce de tir étant le tir plongeant, et le canon, celui de 8 livres?

A 500 pas, la zone dangereuse pour 6 pieds de hauteur (et par conséquent aussi l'espace couvert par ces 6 pieds) est de 37 pas. Aucun coup, dans le tir à 500 pas, ne tombera donc du premier bond dans ledit espace de 30 pas. Si la hausse a été prise de façon que la trajectoire moyenne passe par la crête même (ce qui est la règle ordinaire du tir), il est clair qu'en visant avec cette hausse, la moitié des coups tombera soit dans l'épaulement, soit entre l'épaulement et le tireur. A 1000 pas, l'espace protégé par le relief de 6 pieds est de 16 pas; il s'agit de rechercher quelle est la proportion des coups de la seconde moitié de la gerbe qui tomberont sur les 30 — 16 = 14 pas non couverts par le relief. Ici l'on aura

$$\frac{z}{\frac{1}{2}D} = \frac{14}{18.6} = 0,75,$$ nombre auquel correspond (table II) 38.7 °/₀ des coups de la 1/2 gerbe, soit 19.3 °/₀ du nombre total des coups tirés. A 1500 pas, on trouverait 26 °/₀; à 2000 pas, 23,8 °/₀; les deux dernières distances sont donc plus favorables que les deux premières plus rapprochées.

Il peut se faire que l'on choisisse une hausse telle, qu'il ne tombe sur l'épaulement ou entre l'épaulement et le tireur, que le 1/4 des coups tirés. C'est comme si la trajectoire moyenne (1) tombait en b de l'autre côté de l'épaulement (dont le pied est p) d'une quantité égale à la zone dangereuse (pour la distance considérée) augmentée de la demi-

(1) Le lecteur est prié de faire la figure lui-même.
A partir du pied p de l'épaulement, prendre pa = 16 pas; puis dans le prolongement, ab = 18.6 pas. Marquer ensuite entre a et b un point c, tel que bc = 4.6 pas, de sorte que pc = 30 pas.

dispersion (1/2 D) qui correspond à cette distance. Pour le canon de 8, ce serait 16 pas + 18,6 pas (ou 34,6 pas), puisque ces 18,6 pas (ou 1/2 D) correspondent par définition à 1/4 du nombre total des coups.

$a\,b$ étant égal à 18,6 d'une part et d'autre part 25 % des coups devant se trouver répartis de b en a, il y en aura dans $bc = 4.6$ pieds une proportion facile à déterminer. En effet, $\dfrac{z}{\frac{1}{2}\,D} = \dfrac{4.6}{18.6} = 0{,}24$; à ce rapport correspond la probabilité 13 % (table II). Comme ces 13 % concernent la moitié des coups tirés, ce seront 6.5 % du nombre total des coups qui tomberont dans bc. Dans l'espace $ac = 14$ pieds, il en tombera par conséquent $25 - 6.5 = 18.5$ %. On trouverait, en raisonnant de la même façon, 26,3 % à 1500 pas et 23,2 % à 2000 pas.

Avec le canon de 4 on obtiendrait, dans les mêmes hypothèses, pour le premier cas 20,5, 22,3 et 18,9 %; pour le second cas 20, 22 et 18 %.

6° Combien de coups ont la chance d'atteindre un rectangle dont les côtés seraient égaux aux doubles des écarts *moyens* respectifs (2*m*)?

Si l'on se reporte à ce qu'on a vu plus haut, on verra que $D = 2m \times 0{,}8453\ldots$ d'où $\dfrac{2m}{D} = \dfrac{1}{0{,}8453} = 1.18$, nombre auquel correspond (table II) la probabilité de 57,4 %. Ce nombre est relatif à la bande horizontale, aussi bien qu'à la bande verticale ; pour ces bandes, la longueur (hauteur) ou la largeur est égale au double de l'écart moyen *m*; la ligne médiane de chaque bande passe par le point moyen, et chacune des bandes est indéfinie dans le sens, soit de la largeur, soit de la longueur. Pour réaliser le rectangle en question, il faut **admettre** que ces bandes se croisent, de sorte que le nombre des coups contenus dans le rectangle ainsi obtenu, sera les

57,4 % des 57,4 % du nombre total des coups, soit 33 %, ou environ 1/3 des coups.

§ 5. L'usage des coefficients de précision m et r, ainsi que les tables I et II, constitue un excellent moyen d'estimer la valeur des bouches à feu, au point de vue du tir exécuté en temps de paix et dans des circonstances normales. Les théories exposées ci-dessus au sujet de la probabilité ont de plus l'avantage de fournir des règles rationnelles pour le choix des distances, et pour la correction des hausses, comme nous le montrerons plus bas.

Toutefois, dans la pratique, il est bon d'observer que la justesse du tir est influencée par quantité d'autres causes perturbatrices dont les effets se dérobent au calcul et se produisent en dépit de toutes les précautions possibles ; citons entre autres : l'état atmosphérique, l'incertitude sur les distances ou la difficulté de les apprécier, les erreurs dans l'observation des points de chute, dans celle des positions plus ou moins mobiles de l'ennemi, dans la fatigue du personnel ou dans son état moral, etc.... Il en résulte, que l'efficacité des feux s'éloigne notablement des résultats obtenus dans les polygones. Mais il n'en est pas moins avantageux de connaître par avance, à l'aide d'un calcul de moyennes, ce que nous appellerons *l'effet utile maximum* d'une bouche à feu, ne serait-ce que pour éviter les illusions ou les mécomptes.

D'autre part, l'inspection des tableaux de justesse fait voir qu'une différence (connue, bien entendu) de 100 ou 200 pas, en plus ou en moins, dans la distance (également supposée connue) qui sépare de l'ennemi, n'a qu'une médiocre influence sur les résultats du tir; que sur le terrain on peut donc se reculer ou s'avancer dans ces limites si l'on y trouve un avantage, soit au point de vue de l'état du sol, soit au point de vue de la facilité de l'observation, soit au point de vue tactique, etc.... Mais ce qui est vrai de 100 ou 200 pas ne l'est plus pour 1000 ou 2000, car même, à cette dernière distance, un tir exécuté dans des circonstances normales donne lieu tout au plus à la moitié du nombre de coups directs que celui qui correspond au tir pour la distance de 1000 pas. Sur le champ de bataille, il y a lieu de croire que les résultats seraient encore moindres, car la difficulté d'observation est plus grande, à mesure que la distance augmente, et par conséquent aussi la correction des hausses devient moins praticable ; de plus, l'effet explosif des projectiles diminue par suite de l'accroissement de l'angle de chute.

Les mêmes tables font encore voir combien l'efficacité du tir contre des cibles verticales diminue quand la distance dépasse 1000 pas ; on ne peut donc, en pareille occurrence, compter sur quelque efficacité qu'à des portées inférieures à cette distance. Au delà de 2000 pas, l'on ne peut donc s'attendre à produire de l'effet que sur des buts présentant une certaine étendue dans le sens horizontal (colonnes profondes, rassemblements de troupes).

§ 6. *Application de la théorie qui précède à la correction des hausses.* — Admettons qu'il s'agisse de tirer à une distance inconnue, que l'on a d'ailleurs appréciée, bien ou mal, par un procédé quelconque. D'après cette évaluation, on prendra pour point de départ une certaine hausse dont il s'agira de vérifier l'exactitude. Si l'on peut constater, après les premiers coups tirés, que l'écart du point de chute, soit en deçà, soit au delà du point qu'on vise avec la hausse, n'est pas supérieur à 4 fois l'écart probable (cet écart probable se déduira, par exemple, de la table I) on sera assuré, d'après ce qu'on a vu plus haut, qu'on est dans les limites de la dispersion admissible, et il n'y aura pas lieu de modifier la hausse. Si, au contraire, l'écart observé est plus grand, la hausse doit être considérée comme trop faible ou trop forte, suivant que le point de chute sera trop en deçà ou trop au delà du point visé.

Dans la pratique on adopte pour cette limite non pas précisément 4 fois, mais 3 fois l'écart probable. En effet, si l'on se reporte à ce que nous avons dit plus haut, on verra que quand le rapport $\dfrac{z}{D}$ ou $\dfrac{\frac{1}{2}z}{\frac{1}{2}D}$ est égal à 4, le *pour cent* est

99,3 %, et que pour $\dfrac{z}{D} = 3$, le pour cent est égal à 96.7 %, valeur très-voisine de la précédente. Autrement dit, si la bande indéfinie dont la dimension, dans le sens de la portée, est égale à 4 fois la dispersion D, contient la presque totalité des coups, celle dont la dimension correspondante est égale à 3 fois la dispersion D n'en contient guère moins à elle seule, puisque cette proportion est de 96.7 %. La zone non commune à ces deux bandes renferme donc à peine 2.6 % de ces coups, c'est-à-dire qu'il y a lieu de penser que, sur 100 coups tirés, cette zone en recevra moins de 3, dont moitié en coups trop longs et moitié en coups trop courts.

Lors donc qu'on fera l'essai d'une hausse et que l'écart du premier ou du second coup sera un peu plus grand que 3 fois l'écart probable, c'est que le coup sera tombé dans cette zone. On sera dès lors fondé à croire que la hausse est défectueuse, puisqu'il est si rare que les coups tirés atteignent ladite zone, quand la hausse est convenablement choisie.

On peut, en conséquence, poser comme règle usuelle du tir d'essai soit avec le canon de 4, soit avec le canon de 8 (matériel autrichien) que l'on devra modifier la hausse, lorsque l'écart correspondant aux premiers coups sera plus grand pour les petites distances que 50 ou 60 pas, pour les moyennes 75 ou 80, pour les grandes 100 ou 120 en nombres ronds.

§ 7. *Cas particulier des armes portatives.*— Pour les armes portatives, dont le projectile décrit en général une trajectoire fort tendue, du moins aux distances petites et moyennes, l'écart vertical probable et l'écart horizontal probable (sur des cibles verticales) diffèrent souvent assez peu l'un de l'autre pour qu'on puisse les remplacer par un nombre unique égale à leur demi-somme. Dans ce cas particulier, on adopte parfois comme mesure de la justesse le rayon du cercle contenant 50 % des coups. On peut du reste opérer comme il suit :

Étant donnés le groupement de tous les points d'impact et le point moyen qui correspond à ce groupement, la distance absolue de chaque point d'impact au point moyen, peut recevoir le nom *d'écart absolu* par rapport au point moyen, et la moyenne m de tous ces écarts celui *d'écart absolu moyen* par rapport au point moyen. Dans ce cas, si l'on considère le point moyen comme le centre d'une série indéfinie de cercles concentriques, le rayon R du cercle contenant 50 % des coups pourra s'obtenir, soit d'une manière empirique, en promenant sur le groupement la deuxième branche d'un compas dont la première serait au point moyen, soit par la relation $R = 1.475\ m$ (*Calcul des probabilités*). Si le nombre des coups tirés est faible, on prendra, au lieu de m, la valeur e de l'écart quadratique (racine carrée de la moyenne des carrés des écarts absolus) ; alors on aura $R = 0.866\ e$ (*Calcul des probabilités*).

Désignons maintenant par u un écart (ou rayon de cible) quelconque, on pourra chercher le *pour cent* des coups contenus dans la cible de rayon u, connaissant le rayon R de la cible, qui contient 50 % des coups. On s'aidera pour cela du tableau suivant calculé par une méthode analogue à

celle dont nous avons parlé plus haut pour les cibles rectan-
gulaires limitées soit dans un seul sens, soit dans deux.

TABLE III (Cibles circulaires)

VALEUR DU POUR CENT EN FONCTION DE $\dfrac{u}{R}$.

$\dfrac{u}{R}$	%	$\dfrac{u}{R}$	%	$\dfrac{u}{R}$	%
0.10	0.7	1.10	56.8	2.10	95.3
0.20	2.7	1.20	63.1	2.20	96.5
0.30	6.0	1.30	69.0	2.30	97.4
0.40	10.5	1.40	74.3	2.40	98.1
0.50	15.9	1.50	79.0	2.50	98.7
0.60	22.1	1.60	83.0	2.60	99.0
0.70	28.8	1.70	86.5	2.70	99.4
0.80	35.8	1.80	89.4	2.80	99.6
0.90	43.0	1.90	91.8	2.90	99.7
1.00	50.0	2.00	93.7	3.00	99.8

Remarque. — On voit que lorsque $\dfrac{u}{R} = 3$, la probabilité
d'atteindre est égale à 99.8 %, d'où l'on peut conclure que
le rayon de la cible circulaire qui peut contenir la totalité
des coups est égal à trois fois l'écart absolu probable R. C'est
d'ailleurs ce que l'expérience confirme.

Applications. — L'usage de cette table peut servir à
résoudre des problèmes analogues à ceux que l'on a traités
plus haut ; par exemple :

1° A la distance de 300 mètres, le fusil Peabody (*expériences* suisses) a donné un groupement de 300 points d'impact. L'écart absolu moyen m, par rapport au point moyen de ce groupement, a été trouvé égal à 20ᶜ,3, d'où, pour l'écart absolu probable R la valeur 1.475 $\times$ 20ᶜ.3 ou 30ᶜ. Sur quel *pour cent* peut-on compter si l'on tire à la même distance sur une cible de 45ᶜ de rayon? Ici $\dfrac{u}{R} = \dfrac{45}{30} = 1.5$, rapport auquel correspond (table III) le nombre 79.0 *pour cent* cherché.

2° Combien de coups ont la chance d'atteindre une cible circulaire dont le rayon serait égal à l'écart absolu moyen m?

D'après ce qu'on a vu plus haut, R $=$ 1.475 m, d'où $\dfrac{m}{R} = \dfrac{1}{1.475} = 0.676$. A ce nombre compris (voir table III) entre 0.60 et 0.70 correspond un *pour cent* compris en 22.1 et 28.8. On trouverait très-approximativement, par une construction graphique, 27 %₀ pour la probabilité cherchée, soit à peu près 1/4 du nombre total des coups tirés.

Ces considérations suffisent, croyons-nous, pour justifier la valeur pratique des calculs relatifs à la probabilité du tir.

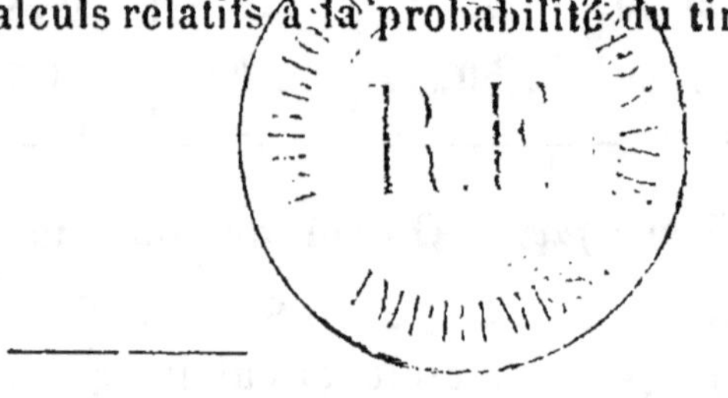